ORDRES

DONNÉS PAR LE MARÉCHAL GROUCHY,

OU TRANSMIS PAR LE GÉNÉRAL LE SÉNÉCAL,

Par ses Aides-de-Camp et par ses Officiers d'ordonnance,

AUX GÉNÉRAUX

VANDAMME, GÉRARD, EXCELMANS, VALLIN, TESTE, VICHERY

ET AUTRES,

LES 15, 16, 17, 18 ET 19 JUIN 1815.

OBSERVATION PRÉALABLE.

Dans plusieurs des pamphlets publiés par le maréchal Gérard, et, à son instigation, par quelques autres généraux, il est reproché au maréchal Grouchy de n'avoir point donné d'ordres, pendant la campagne de 1815, à ses généraux, et (chose bizarre!) d'avoir modifié ceux qu'ils ont reçus de lui, quant aux heures auxquelles le quatrième corps et la cavalerie devaient se mettre en mouvement.

On appréciera la valeur de pareilles incriminations en jetant les yeux sur les copies des ordres dont le maréchal possède les minutes; sur les déclarations du général Le Sénécal, son chef d'état-major; et sur celles de ceux de ses officiers d'ordonnance qui ont été chargés de la transmission de ses ordres écrits.

Quant aux changements relatifs aux heures des mouvements, il ont été motivés par les rapports des reconnaissances envoyées sur divers points par le maréchal Grouchy, et par ceux des généraux de cavalerie Pajol et Excelmans.

Enfin, le maréchal a été aussi l'objet d'accusations non moins absurdes, à l'occasion de l'ordre dans lequel il a fait marcher ses troupes, le 17 et le 18 juin. Cet ordre a été motivé par une lettre de l'Empereur qui lui avait recommandé de les faire constamment marcher réunies ; de veiller à ce qu'elles n'occupassent jamais un espace de terrain de plus d'une lieue, et d'avoir constamment, quand elles prendraient position, des chemins de retraite assurés.

ORDRE

Porté, par l'aide-de-camp Ponthellanger, au général Vandamme, qui faisait prendre position au troisième corps à la lisière des bois qui dominent Fleurus à un quart de lieue en arrière.

15 juin 1815, à 6 heures du soir.

« Au lieu de prendre position, portez-vous de suite sur Fleurus, « où le corps du général Ziethen s'est rallié, et d'où, en conformité « des ordres de l'Empereur, il doit être chassé ce soir, ce que je « ne puis faire avec ma seule cavalerie. »

OBSERVATIONS.

Le général Vandamme ayant formellement refusé d'obéir à cet ordre, l'aide-de-camp du maréchal, auquel il avait enjoint d'aller en rendre compte à l'Empereur, s'il refusait de marcher, se rendit en toute hâte à Charleroy ; mais quand il en revint, il était nuit close, et trop tard pour que l'attaque projetée pût avoir lieu.

LETTRE DU GÉNÉRAL PAJOL AU MARÉCHAL GROUCHY.

Lambusard, le 15 juin, à onze heures du soir.

Monseigneur,

J'ai l'honneur de vous rendre compte que j'ai pris position, ce soir, avec le premier corps d'armée, une division à Lambusard, et la seconde à cheval sur la route de Gilly à Fleurus, en avant de l'embranchement qui est en arrière de l'arbre du Franc-Henri et de Campinaire.

J'aurais occupé ce village si M. le général Vandamme eût voulu m'envoyer et me soutenir par quelque infanterie ; mais il paraît que ce général a pris à tâche de faire tout ce qui est contraire à la guerre, car il a négligé d'occuper Lambusard, et la tête du bois de Gilly à Fleurus, qui sont les deux points principaux dans la position où nous nous trouvons.

Mes troupes se sont parfaitement conduites aujourd'hui ; je me suis emparé de Charleroy, j'ai, le premier, passé la Sambre, et soutenu, seul, pendant quatre heures, tous les efforts de l'ennemi, ce qui doit mériter à ceux qui se sont distingués les bontés de Sa Majesté que je vous prie de réclamer pour eux.

J'aurai l'honneur de vous en adresser, demain, les noms.

Je suis en attendant vos ordres, Monseigneur, avec le plus profond respect.

Votre, etc.

Signé le lieutenant-général comte **PAJOL**.

COPIE DE LA

LETTRE DU GÉNÉRAL PAJOL AU MARÉCHAL GROUCHY.

En avant de Mazy, le 17 juin 1815, à midi.

J'ai eu l'honneur de vous envoyer, ce matin, à trois heures, mon aide-de-camp au moulin, pour vous rendre compte que l'ennemi ayant évacué à deux heures et demie sa position, je me mettais à sa suite. Depuis, j'ai eu celui de vous prévenir, qu'ayant chargé sa queue de colonne, je m'étais emparé, en avant de ce village, de huit pièces de canon et d'une quantité immense de voitures, de bagages, fourrages, etc., dont les chevaux avaient été enlevés.

L'ennemi continuant sa retraite sur Saint-Denis et Leure, pour gagner la route de Namur à Louvain, et prévenu que beaucoup d'artillerie et de munitions partent de cette ville pour se retirer aussi par la même route , je vais me mettre en marche avec la division Teste, que Sa Majesté vient de m'envoyer, pour chercher à arriver ce soir à Leure, et couper la route de Namur à Louvain , et me saisir de ce qui sera en retraite. Je vous prie donc, Monseigneur, d'avoir la bonté de m'adresser, sur le chemin, vos ordres.

Je renvoie à la division Subervic sa batterie ; j'aurais bien désiré que cette division me rejoignit , car il m'en reste peu de celle de Soult.

Je prie Votre Excellence d'agréer l'assurance de mes respects.

Signé le général comte **PAJOL**.

ORDRE

Expédié au général Vandamme , le 17 juin 1815 , à une heure après midi, du champ de bataille de Ligny, aussitôt que l'Empereur eut enjoint au maréchal Grouchy de se mettre à la poursuite des Prussiens ; l'aide-de-camp Pontbellanger en était porteur, et trouva le général Vandamme à son quartier-général de Saint-Amand.

« Par suite des ordres que je reçois de S. M., le général Van-
« damme fera prendre les armes le plus promptement possible au
« troisième corps et se portera au lieu dit le Point-du-Jour, à l'em-
« branchement des routes de Namur à Gembloux, où je ferai con-
« naitre les mouvements ultérieurs qu'il aura à faire. »

OBSERVATIONS.

Quoique le Point-du-Jour fût plus près de Ligny que Saint-Amand , les troupes du général Vandamme y étaient déjà rendues, quand le maréchal Grouchy y arriva venant de Ligny , d'où il n'avait pu arracher le général Gérard , dont le corps n'était pas arrivé en totalité à Gembloux entre dix et onze heures du soir , quoique la distance de cette petite ville à Ligny ne fût que de deux lieues.

ORDRE VERBAL

Donné par le maréchal Grouchy au général Gérard.

Le 17 juin, à une heure après midi.

Le maréchal Grouchy, qui, depuis le matin, se trouvait sur le champ de bataille de Ligny, reçut de l'Empereur, à une heure après midi, l'ordre de poursuivre les Prussiens avec les troisième et quatrième corps d'infanterie et les corps de cavalerie des généraux Pajol et Excelmans et la division Teste, formant un total de 31 à 32 mille hommes, et de se diriger vers Namur; il se rendit à l'instant au quartier-général du général Gérard à Ligny, et lui enjoignit de se mettre sur-le-champ en marche et de se rendre d'abord à l'embranchement des routes de Namur à Gembloux, où il lui transmettrait de nouveaux ordres.

Le général Gérard, que ce mouvement parut fort contrarier, fit observer au maréchal que le quatrième corps ne pourrait s'ébranler de plusieurs heures, attendu qu'il ne s'attendait plus à marcher ce jour-là.

Le maréchal lui réitéra l'ordre de partir le plus tôt possible, et essaya de lui en faire sentir toute l'importance, en lui faisant remarquer que les Prussiens, à la suite desquels il était envoyé, avaient commencé, la veille, leur retraite, à dix heures du soir, et qu'ainsi ils avaient quinze heures d'avance sur les troupes que l'Empereur envoyait à leur poursuite.

Ces considérations ne produisirent aucun effet et furent reçues avec une froide impassibilité que rien ne put vaincre. Le maréchal, indigné, remonta à cheval, sans pouvoir faire bouger le général Gérard, quelles que fussent ses instances; et il ne prévit que trop dès lors toutes les difficultés qu'il aurait à faire obéir des hommes d'une trempe de caractère telle que celle des généraux Gérard et Vandamme.

ORDRE AU GÉNÉRAL GÉRARD.

Gembloux, le 17 juin 1815, à onze heures du soir.

« Veuillez, mon cher général, envoyer l'ordre à votre cavalerie,
« qui est restée à Boty, d'en partir demain à la petite pointe du
« jour, pour se porter à Grand-Lez. Elle ne devra pas passer par
« Gembloux, que dans son mouvement elle laissera sur sa gau-
« che, et se ralliera à nous dans notre mouvement de demain
« matin, qui sera probablement dans cette direction; mais il est
« nécessaire qu'elle se mette en mouvement de très-bonne heure,
« afin qu'elle soit en mesure de nous rallier quand nous serons à la
« hauteur de Grand-Lez.

« Faites-moi le plaisir de m'envoyer un officier de votre état-
« major qui vous reportera l'ordre de mouvement pour demain,
« que j'expédierai aussitôt que j'aurai reçu le rapport d'Excel-
« mans.

« Le maréchal GROUCHY. »

OBSERVATIONS.

Le 17 juin 1815, le général Gérard a reçu, à une heure et demie,
de la bouche du maréchal Grouchy l'ordre de se rendre le plus
promptement possible à Gembloux. De Ligny, où le général Gérard
recevait cet ordre, à Gembloux, il n'y a que deux lieues; comment
expliquer, sinon par le mauvais vouloir du chef du quatrième corps,
que la totalité des troupes dont il se composait ne fût pas encore rendue à onze heures du soir à Gembloux!

ORDRE AU GÉNÉRAL GÉRARD,

Modifié plus tard.

Gembloux, le 17 juin 1815, à dix heures du soir.

« Je désire, mon cher général, que vous vous mettiez en marche
« demain, 18 du courant, à huit heures du matin. Vous suivrez
« le corps du général Vandamme, et nous nous porterons d'abord
« sur Sart-à-Walhain. Les renseignements ultérieurs que je rece-
« vrai et les rapports de mes reconnaissances sur Pervès et Sart-à-
« Walhain régleront ma marche ultérieure.

« Voulez-vous bien faire donner, à raison du mauvais temps,
« une double ration d'eau-de-vie aux troupes sous vos ordres.

« Le maréchal GROUCHY. »

LETTRE DU GÉNÉRAL EXCELMANS,

*Rapportée au maréchal Grouchy par son aide-de-camp Bella, qu'il avait en-
voyé le 17 juin 1815, à trois heures après midi, près de cet officier-
général, pour avoir enfin quelques rapports sur la marche en retraite des
Prussiens, à la suite desquels il avait été envoyé par le major-général,
dans la nuit du 16 au 17 juin.*

Monseigneur,

J'ai eu l'honneur de vous informer ce matin du mouvement que j'ai fait sur Gembloux, pour y suivre l'ennemi qui s'y est massé. je l'ai observé jusqu'à présent, et je ne lui ai pas vu faire de mouvement. Son armée est sur la gauche de l'Orneau, il a seulement, sur la droite de cette rivière, un bataillon en avant de Basse-Bodèce. Aussitôt qu'il se mettra en mouvement je le suivrai.

J'ai l'honneur, etc., etc.

EXCELMANS.

P. S. J'ai dit ce matin à **V. E.** que mon monde était sur les dents ; ce qui les a le plus fatigués, c'est le service que les dragons ont été obligés de faire cette nuit, et l'on ne peut pas exiger qu'ils fassent cela aussi bien que la cavalerie légère, car ils n'y entendent presque rien, et erreintent leurs chevaux bien plus vite. Cela me fait sentir la nécessité d'attacher à un corps de dragons quelques escadrons de cavalerie légère. Je prie **V. E.** de vouloir faire quelque attention à ce que j'ai l'honneur de lui expliquer.

OBSERVATIONS.

Une canonnade se faisant entendre à une distance qu'on évaluait à cinq ou six lieues, lorsque le maréchal Grouchy quitta la maison de Sart-à-Walhain où il s'était arrêté pour écrire à l'Empereur, il fit attaquer une arrière-garde prussienne dont le général Excelmans lui faisait annoncer la présence par un de ses aides-de-camp.

Ayant été promptement culbutée, le maréchal crut devoir se porter de sa personne du côté où se tirait le canon, afin de mieux juger sa force et son objet ; mais avant d'effectuer cette reconnaissance, il envoya son aide-de-camp Bella porter l'ordre au général Vandamme *de pousser vivement les Prussiens jusque dans Wavres, et de prendre position sur les hauteurs qui dominent cette ville, attendu que, d'après les observations qu'il allait être dans le cas de faire, il modifierait très-probablement le plan d'attaque qu'il s'était proposé d'adopter si Napoléon, au lieu de combattre uniquement une arrière-garde anglaise, livrait une bataille générale au duc de Wellington de ce côté de la forêt de Soignes.*

Le général Vandamme, ne tenant aucun compte des ordres du maréchal Grouchy, se précipita à la poursuite des Prussiens dans Wavres, engagea avec eux un combat aussi infructueux que meurtrier. En effet, les troupes du troisième corps, amoncelées dans le Bas-Wavres, étaient soumises au feu des nombreuses batteries ennemies qui, placées à diverses hauteurs sur la rive gauche de la Dyle, balayaient dans presque toute leur longueur les rues de ce faubourg, dont on ne pouvait retirer les troupes à raison de la rapidité de la descente conduisant des

hauteurs à la rive droite de la Dyle , que les pluies de la veille avaient
rendue inguéable , et dont les ponts étaient fortement barricadés.

⚍

ORDRE

*Envoyé le 17 juin, de Gembloux, par un des aides-de-camp du maréchal
Grouchy, au général Excelmans.*

Cet ordre enjoint au général de se porter avec son corps à Sauve-
nières, et de pousser deux escadrons à Sart-à-Valhain, et des reconnaissances sur divers autres points.

ORDRE AU GÉNÉRAL VANDAMME.

Gembloux, le 17 juin 1815, au soir.

« Ainsi que nous en sommes convenus , mon cher général , je
« désire que vous vous mettiez en mouvement demain , avant cinq
« heures du matin , et que vous vous portiez sur Sart-à-Walhain.
« Vous serez précédé de la cavalerie du général Excelmans et suivi
« du corps du général Gérard.

« Le général Pajol a ordre de marcher de Mazy, route de Na-
« mur, sur Grand-Lez, où il recevra une nouvelle direction, d'a-
« près celle que nous suivrons nous-mêmes.

« Agréez , etc., etc.

« Le maréchal GROUCHY. »

EXTRAIT DE DEUX DÉCLARATIONS

*Du maréchal-de-camp Le Sénécal, chef d'état-major du maréchal Grouchy
en 1815, et relatives aux faits et événements des 15, 16 , 17, 18 et 19
juin. — De Bayeux. 1820.*

La première de ces déclarations, en date de 1820, a été adressée
au maréchal, aux Etats-Unis , et contient , entre autres assertions ,
celle-ci :

« Il est à ma connaissance que les dernières troupes du général

« Gérard n'arrivèrent pas à Gembloux avant onze heures du soir,
« le 17 juin.

« J'atteste avoir transmis au général Gérard l'ordre de se re-
« mettre en marche le 18 de très-bonne heure , de suivre le mou-
« vement du général Vandamme, et d'avoir quitté Gembloux
« avant six heures du matin. »

La seconde déclaration , datée de Bayeux , en mars 1824 , porte :

« La direction de ces deux corps (le 3ᵉ et le 4ᵉ) leur fut donnée
« le 17, de manière à ce que le général Vandamme fût en marche
« le lendemain 18 , à la pointe du jour, et le général Gérard à six
« heures du matin , et qu'ils se portassent l'un et l'autre sur
« Sart-à-Walhain. »

OBSERVATIONS.

Ces déclarations sont rapportées en totalité dans la série des pièces
justificatives.

DÉCLARATION

Du lieutenant-colonel d'artillerie Thouvenin , datée de Lafère , 1840.

« M. le maréchal marquis de Grouchy ayant su que je m'étais
« trouvé rapproché de sa personne dans la journée du 18 juin
« 1815, m'a fait demander une déclaration de ce qui s'est passé à
« ma connaissance.

« Après avoir bien rassemblé mes souvenirs, voici ce que je
« peux rapporter, en m'interdisant de ne rien dire dont je ne sois
« parfaitement sûr.

« J'étais, comme capitaine en second , attaché à l'état-major de
« l'artillerie du 4ᵉ corps ; M. le général Balthus commandait cette
« artillerie.

« Le 18 nous arrivâmes, vers onze heures du matin , à Sart-à-
« Walhain, *ayant laissé derrière nous, entre Sart-à-Walhain*
« *et Gembloux , les troupes en marche du 4ᵉ corps.* »

DÉCLARATION

De l'intendant-militaire en retraite Volland, relative au conseil donné, par le général Gérard, de ne point s'occuper de la poursuite des Prussiens, et de se porter au bruit du canon que l'on entendait sur la gauche de Sart-à-Walhain.

« M. le baron Volland déclare qu'avant 1830 il eut une conver-
« sation avec le général Gérard, avec lequel il avait été très-lié
« jusqu'à cette époque, à l'occasion de la bataille de Waterloo, et
« auquel il demandait : Qu'auriez-vous fait, Gérard, si vous aviez
« été chargé du commandement supérieur ? Auriez-vous, sans
« ordres contraires, changé la mission qui vous était confiée par
« des ordres précis ? Il répondit qu'il ne l'aurait pas osé. Eh bien !
« donc, pourquoi vouloir inculper le maréchal Grouchy ! La faute en
« est au maréchal Soult, qui n'a pas su employer les moyens néces-
« saires pour faire prévenir à temps le lieutenant de l'Empereur. »

Cette déclaration est extraite d'une lettre, en date du 31 décembre 1840, adressée à M. le maréchal Grouchy par M. de La Ville, membre du conseil-général du département du Haut-Rhin, commandant la garde nationale de ce département, neveu de l'intendant militaire Volland.

LETTRE DU MARÉCHAL GROUCHY AU GÉNÉRAL VALLIN,

A Granlez.

Gembloux, le 18 juin 1815, trois heures du matin.

Veuillez, mon cher général, partir de Grand-Letz au reçu du présent, et vous porter rapidement à Sart-à-Valhain, et de là à Tourinne, où vous rejoindrez le corps de cavalerie du général Excelmans qui vous donnera de nouveaux ordres.

De Grand-Letz, il sera envoyé vingt-cinq dragons commandés par un officier, à Gembloux, où ils demeureront jusqu'à nouvel ordre, à l'effet de me lier avec l'Empereur, qui a marché de Ligny sur les Quatre-Chemins.

LETTRE DU GÉNÉRAL PAJOL AU MARÉCHAL GROUCHY.

Mazy, le 18 juin, à quatre heures du matin.

MONSEIGNEUR,

J'ai eu l'honneur de vous rendre compte hier que Namur était évacué et que j'avais poussé mes troupes au-delà de Temploux et de Meux; mais qu'apprenant qu'un corps de 25 à 30,000 hommes était réuni à Gembloux, et que n'étant pas soutenu, j'avais cru nécessaire de me retirer à Mazy, ce qui est très-malheureux, car je serais déjà à Grand-Lez, où je me rends, et où j'aurai l'honneur de vous voir.

Respect.

Signé PAJOL.

LETTRE DU MARÉCHAL GROUCHY AU GÉNÉRAL PAJOL,

Au Grand-Lez.

Gembloux, le 18 juin 1815, avant le jour.

Un avis, qui ne me paraît pas dénué de fondement, m'annonce, mon cher général, qu'un grand parc d'artillerie prussienne doit être, dans ce moment, à une lieue de Grand-Lez; faites vérifier la chose, et, si elle est ainsi, tombez dessus avec votre cavalerie et la division Teste. Si vous ne pouviez pas mordre à raison de forces trop supérieures qui escorteraient ce parc, vous seriez appuyé par des troupes que je vous enverrai de Sart-à-Vallain où je vais me rendre.

Le mouvement de retraite de l'armée de Blücher me paraît prononcé sur Bruxelles; ainsi, dans le cas que l'avis que je vous donne serait dénué de fondement, arrivez en grande hâte à Tourinnes, afin que nous poussions en avant le plus promptement possible de Wavres.

Mon amitié.

ORDRE AU GÉNÉRAL PAJOL,

Porté par un des aides-de-camp du maréchal Grouchy, lorsque ce général lui eut rendu compte qu'il ne trouvait plus de traces de troupes prussiennes, dans la direction qu'il avait suivie depuis la veille et le matin, direction qui était sur la droite, et parallèle à celle du troisième corps, avec lequel avait marché le maréchal.

18 juin 1815, onze heures et demie du matin.

« Portez-vous en toute hâte, avec votre cavalerie et la division
« Teste, à Limale, passez-y la Dyle, et attaquez l'ennemi qui est
« en face. »

ORDRE PORTÉ AU GÉNÉRAL VANDAMME,

Par un de mes officiers d'ordonnance.

Au bivouac, au-dessus de Limale, le 18 juin, à onze heures et demie du soir.

« Mon cher général, nous avons débouché de Limale, mais la
« nuit ne nous a pas permis de pousser les Prussiens, de sorte
« que nous sommes bec à bec avec eux. Puisque vous n'avez pu
« passer la Dyle, veuillez vous rendre de suite à Limale avec
« votre corps, ne laissant à Wavres que ce qui est indispensable
« pour défendre la partie que nous occupons.

« Nous ferons effort par ici demain ; à la pointe du jour on oc-
« cupera l'ennemi à Wavres, et nous réussirons, j'espère, à joindre
« l'Empereur. Je n'ai plus de ses nouvelles : on dit qu'il a battu
« les Anglais ; mais je suis dans l'embarras pour lui faire parve-
« nir des nôtres, l'ennemi étant entre lui et nous.

« C'est au nom de la patrie que je vous prie, mon cher cama-
« rade, d'exécuter de suite le présent ordre. Je ne vois que cette
« manière de sortir de la position difficile dans laquelle nous
« sommes, et le salut de l'armée en dépend.

« Je mets en outre sous votre commandement tout le corps de
« Gérard.

« Mes amitiés : je vous attends.

« Le maréchal GROUCHY. »

ORDRE TRANSMIS AU GÉNÉRAL VANDAMME.

19 juin, onze heures du matin.

Cet ordre lui enjoint d'effectuer sa retraite sur Namur, et de se diriger vers cette ville par la route la plus directe, observant qu'il devra occuper par son arrière-garde Wavres et Bielge pendant une bonne partie de la journée, afin de retarder la marche de l'ennemi, si, reprenant l'offensive, il essaie de le poursuivre.

Le maréchal prévient le général Vandamme qu'il effectuera son mouvement rétrograde par Limalle et se dirigera sur Temploux, où il prendra position à la nuit. En conséquence, il recommande au général Vandamme de veiller à ce qu'aucun corps prussien ne s'interpose entre ses troupes et le quatrième corps, et de lui envoyer son rapport des événements de la journée, le 20, avant six heures du matin, à Temploux, d'où il lui transmettra des ordres ultérieurs sur le mouvement qu'il aura à faire, et sur le moment où il devra quitter sa position et se replier sur Namur.

ORDRE ENVOYÉ AU GÉNÉRAL VICHERY,

Commandant le quatrième corps.

Nid-le-Pierreux, le 19 juin 1815.

Mon cher général, le désordre qui règne en ce moment dans la marche rend nécessaire que votre arrière-garde prenne position pendant quelque temps à la Baraque, afin de laisser filer les parcs et autres voitures. Je voulais d'abord vous y attendre, mais je préfère suivre la colonne pour tâcher de remédier aux inconvénients de la marche.

Le général Vandamme fera garder Wavres jusqu'à dix heures du soir; ainsi il est nécessaire que vous teniez la position de la Baraque, et faites soigneusement surveiller le défilé de Limale, pour que l'ennemi ne puisse pas s'interposer entre nos colonnes.

Mettez votre artillerie au centre des divisions et qu'elles marchent serrées; enfin, que le quatrième corps donne une nouvelle preuve du bon esprit qui l'anime, en déployant une grande énergie dans ces moments difficiles.

Mon intention est qu'on marche sans s'arrêter jusqu'à Temploux, seulement faire des haltes de temps en temps.

J'ai fait filer une de vos divisions à mon passage à la Baraque, afin qu'elle appuie la cavalerie qui fait tête de colonne.

Le maréchal GROUCHY.

ORDRE LAISSÉ AU GÉNÉRAL VANDAMME,

En lui confiant la defense de Namur.

19 juin 1815, trois heures du soir.

« Quand vous aurez évacué Namur, mon cher général, je désire
« que vous veniez prendre position à la tête du faubourg de Di-
« nan, et que vous y teniez le temps nécessaire pour que Dinan soit
« désencombré : je me propose de pousser demain jusqu'à Charle-
« mont. Ainsi, dans les défilés, à la sortie de Namur et à Dinan,
« vous arrêterez facilement l'ennemi, qui n'a que de la cavalerie,
« et j'espère que, sans pertes notables, nous gagnerons Char-
« lemont.

« J'ai donné ordre à la cavalerie du général Pajol d'éclairer
« notre flanc droit, et d'avoir des nouvelles de ce qui se passe du
« côté de Charleroi.

« Si je vois les troupes trop fatiguées, elles prendront position
« avant d'arriver à Charlemont.

« N'oubliez pas de donner des ordres à la division Teste.

« Mille amitiés.

« Le maréchal GROUCHY. »

« *P. S.* Il y a trois portes à Namur ; veuillez envoyer des postes
« d'infanterie à chacune, pour qu'elles soient fermées et gardées. Je
« fais barricader les ponts sur la Meuse et la Sambre. Il faudra aussi
« les faire défendre avant de sortir de la ville. »

LE MARÉCHAL GROUCHY AU MARÉCHAL SOULT.

Au quartier-général de Dinant, le 21 juin 1815.

Monsieur le maréchal,

J'ai l'honneur de vous informer qu'étant sans nouvelles de Sa

Majesté, et n'ayant reçu aucune espèce d'ordre depuis l'annonce verbale de la perte de la bataille de Waterloo, qui me fut donnée par un officier de votre état-major, pendant que j'étais aux prises avec l'ennemi que j'avais battu et poussé au-delà de Rozierues, route de Wavres à Bruxelles, j'ai effectué ma retraite sur la Sambre, et de là sur Charlemont où j'arriverai ce soir. Chaque jour de ma retraite a été marqué par des combats sanglants, mais glorieux pour les armes françaises.

Je ramène les corps qui ont été mis sous mon commandement, affaiblis et ne formant plus qu'un total d'environ vingt-deux mille hommes, mais n'ayant perdu aucun trophée militaire, en ayant même enlevé à l'ennemi et lui ayant tué plus de monde et fait essuyer des pertes triples de celles que j'ai éprouvées moi-même.

J'adresserai ce soir à Sa Majesté le rapport des combats journaliers que j'ai eus à soutenir, et des pertes en hommes que l'armée a faites.

Il est indispensable, après les fortes marches qu'elles viennent d'effectuer, que les troupes prennent, au moins, un jour de séjour. Les troisième et quatrième corps campent sous Givet, ainsi que la division Teste.

Les premier et second corps de cavalerie cantonnent dans diverses directions en arrière. Je vous enverrai ce soir l'état de situation de l'armée.

Veuillez me transmettre des ordres; ce soir j'aurai l'honneur de vous écrire en détail.

Le maréchal GROUCHY.

P. S. Le général Gérard a été blessé au combat de Wavres; j'ai donné provisoirement le commandement de son corps au général Vichery. Le général Penne a été tué.

LETTRE DU MARÉCHAL GROUCHY A L'EMPEREUR.

Givet, le 21 juin 1815.

Sire,

J'ai l'honneur de vous rendre compte de l'arrivée ici des troupes sous mes ordres. Elles forment un corps de vingt-deux mille hommes environ, remplis de dévoûment, de patriotisme et d'énergie.

Partout elles ont repoussé victorieusement l'ennemi, et elles ramènent tous leurs canons, leurs caissons, leurs aigles et leurs blessés.

L'acharnement du combat, le temps affreux qu'il a fait, ont affaibli l'armée, et son moral souffre, comme il arrive toujours au soldat français quand il fait un mouvement rétrograde. Toutefois, dès que des renforts lui arriveront, ce noyau deviendra une masse respectable.

Les corps qui me poursuivent sont les mêmes contre lesquels j'ai combattu depuis Fleurus. Je les crois suivis d'une partie de ceux qui ont agi à Waterloo. Cependant je n'ai pas encore eu affaire aux Anglais : il y en a du côté de Florennes et sur ma droite. Tels sont les rapports qui me sont faits. Un corps doit aussi me suivre sur la rive droite de la Meuse et par Ciney ; il n'est pas encore à ma hauteur : on le dit bavarois.

Je croyais trouver ici des ordres de Votre Majesté. Elle n'a sans doute reçu aucune de mes lettres, et les partis ennemis auront intercepté mes officiers.

D'après ce que j'apprends du placement des troupes de Votre Majesté, dont le commandant de Givet m'a donné connaissance, je ne balance pas à me diriger sur la Meuse, en m'appuyant des Ardennes et des places fortes ; demain j'irai à Rocroix. Je présume y recevoir vos ordres.

Si Votre Majesté sépare l'armée, me permettra-t-elle de me rendre près d'elle ?

Quoi qu'il en soit, je la prie de nommer un chef au quatrième corps que j'ai provisoirement confié au lieutenant-général Vichery, le plus ancien des officiers-généraux qui s'y trouvent.

Je suis, etc., etc.

Le maréchal GROUCHY.

AU GÉNÉRAL VANDAMME.

Givet, le 21 juin 1815.

Mon cher général, je pense que le mieux pour les troupes fatiguées que vous commandez est de les camper, partie sous Charlemont, partie au camp retranché du Mont-D'or, un régiment dans les casernes, un chez les habitants, et enfin dans les villages qui sont aux pieds de Charlemont et du Mont-D'or, presque sous le canon de ces places. Il y a déjà du pain, nous avons encore des bestiaux et je ferai donner de l'eau-de-vie.

Dès que vous le pourrez, venez, je vous prie, me joindre : mon intention est de réunir les commandants des corps d'armée, à l'effet d'avoir leur avis quant à notre marche ultérieure qu'aucun ordre de l'Empereur ne règle en ce moment.

Le maréchal GROUCHY.

ANALYSE DE DIVERSES LETTRES

DU MAJOR-GÉNÉRAL DUC DE DALMATIE AU MARÉCHAL GROUCHY,

Lettres qu'il eût été superflu de rapporter en totalité ici, attendu qu'elles font partie du registre d'ordre et de correspondance du maréchal Soult, qui compose la septième série des pièces justificatives.

N° 1. — Lettre en date de Paris, 3 juin 1815, annonçant au maréchal Grouchy sa nomination au commandement en chef de la cavalerie.

N° 2. — Lettre en date de Paris, le 4 juin, contenant la formation nouvelle des corps de cavalerie, les changements dans les numéros d'ordre des divisions, et diverses prescriptions à ce sujet.

N° 3. — Lettre en date de Paris, le 4 juin, ayant pour objet d'inviter le maréchal Grouchy à faire diriger les quatrième et cinquième division , formant le premier corps de cavalerie , sur la Capelle et Nouvion , au lieu de Marles , assigné précédemment.

N° 4. — Lettre en date de Paris, 5 juin, prévenant de la suppression de l'aiguillette, accordée au premier régiment de chaque arme des troupes à cheval.

N° 5. — Lettre en date d'Avesnes, 12 juin, transmettant au maréchal Grouchy l'ordre de l'Empereur, relatif à la position que devra occuper l'armée le 13 juin, et l'invitant à porter en avant les quatre corps de cavalerie.

N° 6. — Lettre en date d'Avesnes, 12 juin, donnant avis de l'arrivée de la quatorzième division de cavalerie; ordre qu'elle soit rendue le 13 à Mézières, et qu'elle s'y réunisse au quatrième corps de cavalerie.

N° 7. — Lettre en date d'Avesnes, 13 juin, contenant la nomination de M. le lieutenant-général comte Girardin aux fonctions de chef de l'état-major de la cavalerie.

N° 8. — Lettre en date de Beaumont, 1815, 14 juin, par laquelle le major-général demande qu'il lui soit envoyé, chaque soir, un rapport succinct sur la position exacte du quartier-général de M. le maréchal Grouchy, et de celles des quatre corps de cavalerie.

N° 9. — Lettre en date de Beaumont, le 14 juin, donnant avis de la nomination de divers adjudants-commandants, pour être employés aux premier, deuxième, troisième et sixième corps d'armée.

* * *

EXTRAIT DES LETTRES

DU MARÉCHAL DAVOUST, MINISTRE DE LA GUERRE, AU MARÉCHAL GROUCHY,

Depuis le 30 mai jusqu'au 28 juin 1815, époque à laquelle le maréchal Grouchy se démit du commandement de l'armée du Nord, ne voulant pas servir sous les ordres du prince d'Echmühl.

* * *

N° 1. — Lettre en date de Paris, le 30 mai 1815, annonçant au maréchal Grouchy que l'Empereur l'a nommé pour commander en chef la cavalerie de l'armée du Nord.

N° 2. — Lettre en date de Paris, le 3 juin, prévenant le maréchal Grouchy que l'Empereur vient d'arrêter l'organisation définitive de la cavalerie, dont le commandement lui est confié.

N° 3. — Lettre en date de Paris, le 5 juin, informant le maréchal Grouchy des destinations données aux députations des différents régiments de cavalerie de l'armée qui se trouvaient à Paris.

N° 4. — Lettre en date de Paris, le 10 juin, contenant l'ordre du jour de l'armée.

N° 5. — Lettre en date de Paris, le 24 juin, par laquelle le

général Monthyon donne avis au maréchal Grouchy que la
Chambre des pairs reconnait Napoléon II comme Empereur des
Français.

N° 6. — Lettre en date de Soissons, le 25 juin, contenant l'ordre
du jour par lequel l'armée est prévenue que la commission du gou-
vernement a nommé M. le maréchal Grouchy commandant en chef
de l'armée du Nord.

N° 7. — Lettre en date du 25 juin, par laquelle le ministre annonce que l'ordre est donné au lieutenant-général Drouot de se rendre sur-le-champ, en poste, à Soissons, pour y être à la disposition
du maréchal Grouchy.

N° 8. — Lettre en date du 25 juin, contenant une note du général Haxo, relativement aux positions que l'armée pourrait prendre
entre Soissons et Laon.

N° 9. — Lettre en date du 26 juin, prévenant le maréchal
Grouchy que le lieutenant-général comte Ruty continuera à
être chargé du commandement de l'artillerie de l'armée du Nord,
et le maréchal-de-camp Pelletier de celui de l'artillerie du premier
corps.

N° 10. — Lettre en date du 26 juin, annonçant l'ordre donné à
la gendarmerie du grand quartier-général de se rendre sur-le-
champ à Villers-Cotterets, pour y arrêter les soldats français qui
quittent l'armée.

N° 11. — Lettre en date du 28 juin, annonçant au maréchal Grouchy la nomination de M. le lieutenant-général comte Drouot au commandement de la garde impériale.

Fin des documents de la troisième Série.

Paris. — Imp. de E.-B. Delancuy, faub. Montmartre, 11.